SOUVENIRS DE FAMILLE,

EXTRAITS

DE L'EUROPE MONARCHIQUE,

Gazette politique de Bruxelles.

Revus et augmentés d'un Appendice.

METZ,
TYPOGRAPHIE DE DEMBOUR & GANGEL.
1850

SOUVENIRS

DE FAMILLE.

SOUVENIRS
DE FAMILLE,

EXTRAITS

DE L'EUROPE MONARCHIQUE,

Gazette politique de Bruxelles.

Revus et augmentés d'un Appendice.

METZ,
TYPOGRAPHIE DE DEMBOUR ET GANGEL.
1850

ANNALES
DES
GARDES WALLONNES,

tirées des manuscrits laissés

PAR LE BARON HENRY D'HUART,

MAJOR-GÉNÉRAL DES ARMÉES D'ESPAGNE EN ITALIE.

1703. — Le régiment des Gardes Wallonnes, créé d'abord sous le nom de *gardes flamandes*, fut levé en 1703, et reçut l'organisation des gardes françaises. Il fut successivement porté de deux à huit bataillons.

1704. — Arrivé en Espagne au mois de décembre 1703, il fit ses premières armes l'année suivante, en Portugal, aux siéges de Salvatierra, de Penia, de Gracia, de Porte-Alegre, de Castel-David, d'Oresa-de-Mula, de Castel-Blanco et de Monte-Santo.

1705. — Employé à celui de Gibraltar, qu'il fallut lever le 22 avril, le régiment sut, par maintes actions d'éclat, mériter l'estime de la marine française, si bon juge en fait d'honneur et de vaillance. Il perdit, dans cette impuissante tentative, près de 800 hommes et nombre d'officiers de grandes espérances.

1706. — Les provinces de Catalogne, d'Aragon et de Valence s'étant révoltées, le régiment fournit de nombreux détachements au corps d'armée envoyé contre les rebelles. Ces détachements se distinguèrent aux siéges de Xavita et d'Alziras, à l'attaque de San-Matheo et à celle de Villa-Real. Dans cette dernière affaire, ils eurent onze officiers tués et dix-neuf blessés. Le roi étant en mesure de reprendre l'offensive, rappela ses Gardes Wallonnes des provinces insurgées et leur ordonna de rejoindre le duc de Berwick dans l'Estramadure.

1707. — La campagne de 1707 fut très-glorieuse pour le régiment par la brillante part qu'il eut à la célèbre bataille d'Almanza (25 avril). Tandis qu'en cette journée mémorable il abordait fièrement de front les Anglo-Portugais, un de ses bataillons, commandé par M. de Pottelsberghe, fit, conjointement avec la brigade du Maine, un quart de conversion sur la gauche de l'ennemi, le prit en flanc, porta le désordre dans ses rangs et décida, par l'énergie de cette habile manœuvre, du gain d'une bataille qui assura la couronne de Philippe V. Les Anglo-Portugais laissèrent 6,000 hommes sur la place; on leur fit 10,000 prisonniers. Leurs canons, leurs bagages et 120 drapeaux ou étendards furent les trophées des vainqueurs. Le duc d'Orléans ayant reçu le commandement de l'armée victorieuse, soumit successivement Requena,

Valence, Alcaraz, Sarragosse, et assiégea Lérida, l'écueil des plus grands capitaines. Lérida se rendit le 13 octobre, après onze jours de tranchée ouverte; le château tint jusqu'au 12 novembre.

1708. — L'année suivante le duc d'Orléans entreprit le siége de Tortose reputée imprenable. Il investit la place le 12 juin, et Tortose, défendue par une garnison de 3,700 hommes, ouvrit ses portes le 11 juillet. Le prince français, aussi juste que modeste, se plut à reporter sur les Gardes Wallonnes une partie de sa gloire et de ses succès.

1709. — Le régiment étant rentré en Portugal, prit une active part à la victoire de la Gudina, et après avoir concouru à assurer les frontières de l'Estramadure, il eut ordre de se rendre en Catalogne, que le départ des troupes françaises laissait à la merci des ennemis. Il fut chargé, de concert avec le régiment des gardes espagnoles, de maintenir cette province et de garder le cours de la Cinca.

1710. — Le roi s'étant mis à la tête de son armée rappela autour de sa personne les deux régiments de ses gardes. Le début de la campagne de 1710 ne fut point heureux; la perte de la bataille de Sarragosse sembla compromettre la cause de Philippe V. Cependant en cette funeste journée la victoire ne déserta point le drapeau du régiment, il força les deux lignes ennemies et pénétra jusqu'au quartier-général de l'archiduc. Accablées par le nombre, abandonnées à leur propre forces, les Gardes Wallonnes surent s'ouvrir un passage les armes à la main ; un de leurs bataillons, commandé par M. de Varick, couvrit la retraite et sauva les débris de l'armée espagnole. Elles laissèrent sur le champ de bataille onze cents hommes, au nombre desquels était leur colonel, le duc d'Havré, frappé à mort dès la première charge. Ses braves Wallons, loin de se laisser abattre, n'eurent que plus d'ardeur à venger la perte de leur digne et noble chef.

Louis XIV ayant envoyé le duc de Vendôme à son petit-fils, la présence du héros rendit la confiance aux plus timides. L'armée repassa le Tage, enleva d'assaut la ville de Brihuega, contraignit cinq mille Anglais à poser les armes, et remporta le lendemain 10 décembre, une victoire complète sur le comte de Staremberg. Le régiment y prit une éclatante revanche de ses pertes sous les murs de Sarragosse : huit bataillons ennemis tombèrent sous ses coups, et quatorze drapeaux anglo-autrichiens furent le contingent Wallon au glorieux lit que Vendôme dressa à Philippe V sur le champ de victoire.

1711 et 1712. — Le régiment coopéra à la plupart des actions d'éclat qui signalèrent les campagnes de 1711 et de 1712. Il couvrit le siège de Gironne, contribua à la prise de Venasque et à celle de Cardonne, seconda les mouvements du prince de T'Serdaes et fournit au baron d'Huart les moyens de s'emparer de Canfrans, jusqu'alors le repaire des miquelets, de les *traquer* dans les montagnes et de délivrer l'Aragon et la Catalogne de ces forbans de terre.

1715. — L'insurrection vaincue sur tous les points du royaume, n'occupait plus, au commencement de 1713, que le rocher de Gibraltar, l'île de Minorque, et la populeuse ville de Barcelonne, dans laquelle s'étaient réfugiés les débris de l'armée du comte de Staremberg. Le siége de Barcelonne fut résolu et dura quatorze mois. Redire les brillants faits d'armes du régiment, ce serait entreprendre le journal de ce siége fameux. Quant aux pertes qui décimèrent ses rangs, on se bornera à citer la compagnie de Glimes, qui sortit du camp forte de 130 grenadiers, et laissa 120 hommes dans la tranchée. Enfin la place succomba; mais l'élite de la nation belge avait trouvé un glorieux tombeau aux pieds de ses murailles. Les Gardes Wallonnes n'existaient plus que de nom, et elles eussent cessé d'exister de fait si la mâle énergie de leur colonel n'eût fait révoquer le décret de réforme.

1717. — Paisible maître de l'Espagne, le roi songea à recouvrer ses possessions d'Italie. Une division, dont le régiment fit partie, débarqua dans l'île de Sardaigne le 10 août et en expulsa les Autrichiens en moins de trois mois. Le régiment rentra à Barcelonne à la fin d'octobre.

1718. — La prompte et facile conquête de l'île de Sardaigne engagea le roi à tenter celle de la Sicile. Le marquis de Lède, l'un des plus grands hommes de guerre du xviie siècle, ayant été chargé du commandement de l'expédition, réclama *ses nationaux*. Le régiment, en conséquence, s'embarqua à Barcelonne le 17 juin et prit terre à Portolente, en Sicile, le 1er juillet. Les plus heureux succès couronnèrent les commencements de l'entreprise. Castellamar, Messine et Palerme tombèrent au pouvoir du marquis de Lède, qui défit les Autrichiens à Villa-Franca en bataille rangée. Mais la jalouse Angleterre veillait; elle anéantit la flotte espagnole à la hauteur du cap Passaro, et son or arma la France contre le petit-fils de Louis XIV.

1719. — Le duc d'Orléans, régent du royaume, cédant aux perfides insinuations d'un ministre honteusement vendu au cabinet de Londres, déchira le pacte de famille et déclara la guerre à l'Espagne. Philippe V tint courageusement tête à l'orage; il se mit à la tête de l'armée et créa quatorze nouvelles compagnies de Gardes Wallonnes, qui firent cette campagne fratricide. Elle fut heureusement de courte durée; le régent de France ne tarda pas à détester sa coupable condescendance : il offrit la paix; elle fut acceptée et signée à Madrid le 17 février 1720. Le roi, forcé d'accéder au traité de la quadruple alliance conclu à La Haye le 4 janvier 1717, rappela ses troupes de Sicile et rendit la Sardaigne, qui fut donnée au roi Victor-Emmanuel.

1720. — Les Maures ayant osé inquiéter les possessions

espagnoles d'Afrique, le marquis de Lède eut mission de les châtier. Dix-sept compagnies du régiment, embarquées à Cadix, arrivèrent à Ceuta le 14 octobre, attaquèrent le lendemain l'ennemi et le mirent en pleine déroute.

1726. — La paix d'Utrecht (1713) en concédant les Pays-Bas à l'Autriche, lui donna l'espoir de participer au commerce maritime ; mais craignant les jalouses entraves de l'Angleterre, elle se rapprocha de l'Espagne et conclut avec elle un traité d'alliance offensive et défensive. Le cabinet de Londres sonna l'alarme sur le rapprochement inopiné des deux cours et remplit l'Europe de clameurs, auxquelles Philippe V répondit par le siége de Gibraltar. M. de Gages eut ordre d'y conduire trois bataillons du régiment, qui arrivèrent devant la place le 1er février 1727. Sur l'entrefaite, M. le comte de Zuweghen ayant été fait major, prit le commandement des trois bataillons. Gibraltar était tellement bien armé et approvisionné, qu'après cinq mois d'impuissants efforts, il fallut se borner à la vaine formalité de bloquer une forteresse qui pouvait être tous les jours ravitaillée par mer. Pendant ce temps, l'Angleterre capturait les galions d'Amérique et désolait le commerce de la Péninsule. La diplomatie de France vint au secours du petit-fils de Louis XIV ; le cardinal de Fleury eut la gloire de rendre la paix à l'Europe et d'assurer par le traité de Séville (9 novembre 1729) l'héritage de Parme et de Plaisance à l'infant don Carlos. Le blocus de Gibraltar fut levé le 17 janvier 1729, et M. le comte de Zuweghen ramena à Barcelonne les trois bataillons du régiment.

1732. — Les Maures ayant inquiété de nouveau les possessions espagnoles d'Afrique, le comte de Montémar fut chargé de les réprimer. Quatre bataillons du régiment, sous les ordres de M. le comte de Zuweghen, firent partie de l'expédition, qui mit à la voile le 1er juin et débarqua le 29 aux Aguadas d'Oran. Dès le lendemain, le comte de Montémar marcha aux Maures et remporta sur eux une victoire complète. Oran et les forts qui l'environnent ouvrirent leurs portes le 1er juillet. Telle fut l'admiration qu'imprima aux infidèles la brillante valeur des Gardes Wallonnes, que la garnison du château de Masalquivir ne voulut capituler qu'avec leurs grenadiers. Le comte de Zuweghen laissa en Afrique trois compagnies de ces braves grenadiers. L'une d'elles, commandée par M. de Smet, fut fort maltraitée dans la malheureuse affaire du marquis de Santa-Crux; M. de Smet y fut tué et emporta les regrets de tout le régiment. Les trois compagnies rentrèrent à Barcelonne six semaines après ce désastre.

CAMPAGNES D'ITALIE.

1733. — L'Europe était en paix, de Moscou à Cadix, quand la mort d'Auguste II, roi de Pologne et électeur de Saxe (1er février 1733), la plongea dans de nouvelles dissensions.

Stanislas Leczinski, beau-père de Louis XV, déjà élu roi de Pologne en 1704, le fut une seconde fois en 1733; mais l'empereur Charles VI, de concert avec la Russie, encouragea l'opposition de quelques seigneurs mécontents et leur fit nommer son neveu, fils du dernier roi. Cependant Stanislas alla à Dantzick soutenir ses droits. Bientôt le grand nombre, qui l'avait choisi, céda au petit nombre qui lui était contraire; Dantzick tomba au pouvoir d'une armée russe, l'ambassadeur de France fut fait prisonnier de guerre et la tête du roi Stanislas mise à prix.

La France eût perdu la réputation nécessaire au maintien de sa grandeur si elle n'eût tiré une prompte et éclatante vengeance de l'outrage qui lui était fait en Pologne : elle s'unit à l'Espagne, s'assura de la Sardaigne et l'Autriche fut victorieusement attaquée en Allemagne et en Italie.

Une armée espagnole, dont quatre bataillons du régiment firent partie, s'embarqua à Barcelonne le 23 novembre 1733, sous les ordres du comte de Montémar, et débarqua à Léricy, dans le pays de Gênes, le 17 décembre.

1734. — Nous [1] ouvrîmes la campagne par la prise de Baïa et des forts qui couvrent la ville de Naples. Naples s'étant rendue à son tour, l'infant don Carlos y fit son entrée le 10 mai 1734. Le 13 du même mois nous marchâmes à l'ennemi, que nous atteignîmes sous les murs de Bitonto. — Notre victoire fut complète. — Les quatre bataillons du régiment, commandés par le comte de Gages, eurent les honneurs d'une journée qui décida du sort du royaume des Deux-Siciles. Nous culbutâmes l'aile droite des Autrichiens et la mîmes dans une telle déroute qu'elle entraîna le gros de l'armée. Le comte de Gages poursuivit les fuyards, l'épée aux reins, jusqu'aux portes de Bitonto et força plusieurs bataillons à poser les armes. Les Autrichiens laissèrent sur le champ de bataille 2,000 hommes, leur artillerie, leurs bagages, leurs caisse militaire, nombre de drapeaux et d'étendards. Le régiment eut deux officiers tués et quinze blessés, sa perte en hommes fut peu considérable.

Le 5e bataillon du régiment étant arrivé d'Espagne, le comte de Montémar, créé duc de Bitonto, forma, des compagnies de grenadiers des Gardes Wallonnes, une réserve d'élite sous la dénomination de *grenadiers-réunis*. Cette organisation fut maintenue dans les guerres de 1741 à 1748. Les Grenadiers-réunis inaugurèrent brillamment leur nom aux siéges de Gaëte et de Capoue, dont la soumission entraîna celle du royaume de Naples.

[1] L'auteur des *Annales* a fait toutes les campagnes d'Italie de 1734 à 1748.

1735. — Deux bataillons du régiment furent envoyés en Lombardie et assistèrent aux siéges de Mont-Philippe, de la Mirandolle et de Porto-Hercules. Les trois autres et les Grenadiers-réunis firent partie de l'expédition de Sicile. Cette expédition franchit le détroit, défit 20,000 Autrichiens en plusieurs rencontres et ne laissa d'autre asile à leurs débris que la citadelle de Messine, qui se rendit le 22 février 1735. Don Carlos, proclamé roi de Naples, le 23 mai 1734, fut couronné roi de Sicile à Palerme, le 3 juillet 1735.

Ainsi l'empereur Charles VI, pour avoir donné un roi à la Pologne, perdit en deux campagnes presque toutes ses possessions d'Italie, et fut fort heureux d'accepter la paix que lui offrait la France victorieuse. Par cette paix, signée à Vienne, don Carlos fut reconnu roi de Naples et de Sicile; Stanislas Leczinski renonçant au royaume qu'il avait eu deux fois, conserva le titre de roi et reçut les duchés de Lorraine et de Bar, avec reversibilité à la couronne de France; les duchés de Parme et de Plaisance furent cédés à Charles VI et la Toscane assurée à son gendre, François de Lorraine, que l'on dépouillait de son antique patrimoine.

1740. — L'empereur Charles VI mourut au mois d'octobre 1740. Si la mort du roi de Pologne, Auguste II, avait causé de grands mouvements, celle de Charles VI, dernier prince de la maison d'Hapsbourg, devait produire bien d'autres commotions. Les rois d'Espagne et de Prusse, les électeurs de Saxe et de Bavière, s'unirent pour disputer son vaste héritage à sa fille, l'archiduchesse Marie-Thérèse. Ils comptaient, déjà forts de l'appui de la France, sur une puissante diversion des Hongrois; mais leur jeune et auguste reine, en se soumettant à prêter le serment du roi André II, gagna les cœurs d'une des plus belliqueuses nations de l'Europe, qui, après 200 ans de guerres et de séditions, passa tout-à-coup de la haine à l'adoration.

Le roi de Prusse ouvrit une série de sept années de succès et de revers par le gain de la bataille de Molwitz et la conquête de la Silésie. De son côté, l'armée franco-bavaroise débuta par de rapides avantages : elle s'empara de Lintz, s'avança en Autriche et menaçait Vienne quand l'électeur de Bavière, se méfiant de la fortune au moment où elle semblait tout faire pour lui, se porta sur Prague et l'enleva par un brillant coup de main. Ce fut le terme de ses succès; il fallut abandonner Prague, évacuer la Bavière et subir la défaite de Dettingen. Mais les victoires de Fontenoy, de Raucoux et de Lawfelt furent pour la France de glorieux dédommagements.

1741. — Un corps de 12,000 hommes, formé du régiment et des meilleures troupes de l'armée d'Espagne, s'embarqua à Barcelonne le 3 novembre 1741, sous les ordres du duc de Montémar, et débarqua le 25 du même mois à Porto-Hercules. Nous devions agir en Lombardie et mettre l'infant don Philippe, second fils de Philippe V et d'Elisabeth Farnèse, en possession des duchés de Parme et de Plaisance ; mais l'Angleterre, récemment humiliée dans le nouveau-monde, sous les murs de Carthagène, brûlait de se venger. Elle embrassa la cause de la reine de Hongrie, prodigua son or au roi de Sardaigne, et le gardien des Alpes tourna ses armes contre l'expédition espagnole.

1742. — Le duc de Montémar, contraint de se retirer devant des forces supérieures, battit en retraite sur le royaume de Naples. Nous campions à Spolette, dans l'Etat de l'Eglise, couvert par un corps napolitain, lorsque, le 12 août 1742, une escadre anglaise parut en vue de Naples, et menaça de bombarder la ville et d'incendier le port, si un ordre de rappel n'était pas immédiatement expédié au corps napolitain. Ni la ville ni le port n'étant en état de défense, il fallut obéir. Vivement pressés par les Austro-Sardes, il ne nous restait plus qu'à vendre chèrement notre vie. Heureusement l'infant don Philippe, pour lequel tant de sang allait couler, pénétra en Savoie par le Dauphiné, s'empara de la Sardaigne et attaqua le Piémont : c'était le meilleur fleuron de la couronne de Charles-Emmanuel qui se hâta d'accourir au secours de sa plus belle province. Sur l'entrefaite, le duc de Montémar ayant encouru la disgrâce de la cour de Madrid, fut remplacé par le comte de Gages, qui sut ramener la victoire sous les drapeaux de Philippe V. Nous quittâmes nos cantonnements de Spolette et nous prîmes nos quartiers d'hiver à Bologne.

1743. — Le 2 février 1743, l'armée, forte de 18,000 hommes, sortit de Bologne, passa le Panaro et vint, le 8, livrer bataille aux Autrichiens à Campo-Santo, dans le duché de Modène. L'ennemi, bien que supérieur en nombre, fut culbuté et mis en fuite. Le comte de Gages fit, à la tête des Gardes Wallonnes, des actions tellement étonnantes que le roi le créa comte de Campo-Santo. 400 prisonniers, 4 pièces de canon, 180 chariots de blé, plusieurs drapeaux et étendards furent les gages de notre victoire. Le régiment perdit 150 hommes, 1 lieutenant, 1 sous-lieutenant et eut 15 officiers blessés.

Toutefois, le succès de Campo-Santo ne fut point assez décisif pour nous permettre de prendre l'offensive; l'armée rentra à Bologne, pénétra dans la Romagne, occupa successivement Zamara, Rimini et se concentra, à la fin de décembre, entre Pezzaro et Fano.

1744. — Les Autrichiens ayant reçu de puissants renforts attaquèrent nos lignes, que nous abandonnâmes sans coup férir, nous repliant une seconde fois sur le royaume de Naples. Cette retraite couvrit le comte de Gages d'une impérissable gloire; non-seulement l'ennemi ne put nous entamer, mais il essuya des pertes continuelles. Le régiment et les Grenadiers-réunis marchèrent constamment à l'arrière-garde et, entre autres faits d'armes, enlevèrent à la baïonnette la montagne fortifiée de La Fayola; ils y prirent 5 pièces de canon, firent prisonnier le général Pestalochy et forcèrent un bataillon de 500 hommes à poser les armes. Enfin, nous opérâmes notre jonction avec l'armée napolitaine, commandée par le roi don Carlos, qui établit son quartier-général à Velletri, ancienne capitale du pays des Volsques, et occupa le palais Genetti, réputé une merveille de magnificence et de bon goût.

Dans la nuit du 10 au 11 août, le prince de Lobkowitz fit sur Velletri la même entreprise que le prince Eugène avait fait sur Crémone en 1702. Six mille Autrichiens surprennent la place; la grand'-garde est égorgée, on tue ce qui se défendait, on fait prisonnier ce qui ne se défendait pas. L'alarme était partout, le roi allait être pris, quand le major [1] des Grenadiers-réunis arrive à la tête d'un détachement du corps d'élite, court à don Carlos et le dégage. Don Carlos se met à la tête de cette poignée de braves; le comte de Gages survient, et 3,800 Autrichiens payent leur téméraire tentative de leur vie ou de leur liberté. Noveti, un de leur généraux, fut pris occupé à piller l'argenterie du duc de Modène. Le régiment perdit dans cette surprise 600 hommes, 4 capitaines, 2 aides-majors, 1 sous-aide-major, 2 lieutenants, 2 sous-lieutenants et 1 enseigne.

Voici la lettre pleine de candeur et de loyauté que le comte de Gages écrivit à Philippe V après la victoire :

« J'ai été surpris dans mon camp, il a été forcé; les
» ennemis sont entrés jusque dans notre quartier-général,
» d'où ils ont été chassés avec perte. Vos armes sont

---

[1] L'auteur des *Annales*, alors major des Grenadiers-réunis.

» victorieuses, et le royaume de Naples est en sûreté ;
» mais ce succès appartient tout entier aux troupes de
» Votre Majesté. Leur valeur a réparé mes fautes, que
» l'événement n'atténue pas et qui seraient impardon-
» nables si je cherchais à les dissimuler. »

L'armée quitta Velletri le 1er novembre et poursuivit l'ennemi jusqu'à Foligno. Le lieutenant-général marquis d'Houchin, qui commandait l'avant-garde, ayant sous ses ordres une partie du régiment et les Grenadiers-réunis, s'avança jusqu'à Nocera, où s'était réfugié un corps de 1,500 Capetas ou fusiliers de la reine de Hongrie, commandés par le comte de Soro. Ces Capetas firent une résistance désespérée et tinrent pendant trois jours avant de se rendre à discrétion. Comme ils comptaient dans leurs rangs bon nombre de déserteurs de notre armée, les uns furent condamnés à être pendus, d'autres à passer par les armes, le reste fut envoyé aux galères. M. d'Houchin se porta sur Perugia, espérant y surprendre l'artillerie autrichienne ; mais il n'arriva pas à temps. M. de Gages accorda aux troupes quinze jours de repos, puis il leur fit passer le Tibre et les mit en quartier d'hiver. Le régiment eut pour destination la ville d'Orvieto.

1745. — L'armée quitta ses cantonnements le 2 février, passa le Panaro au gué de Philisbourg et entra dans le duché de Modène, sans que l'ennemi osât l'inquiéter. Le comte de Gages ayant reçu l'ordre de se joindre à l'infant don Philippe, mit son artillerie sous l'escorte d'un fort détachement et la dirigea en grand secret sur les *degli presidi* de Toscane. Lui-même avec l'armée prit la route du Mont-Pellerin, qu'aucun corps de troupes n'avait franchi depuis Annibal ; mais l'illustre Wallon avait si habilement pris ses mesures, qu'il le passa sans perdre un seul homme. Il traversa non moins heureusement les Etats de Luques, ceux de Massa-Carrera, et fit sa jonction dans le pays de Gênes avec l'armée franco-espagnole. Après quelques jours de repos, nous délogeâmes l'ennemi du village de Voltarego et nous contraignîmes la forteresse de Saraval à se rendre à discrétion. Trois bataillons du régiment furent détachés à l'armée de l'infant don Philippe; les trois autres continuèrent à servir sous les ordres du comte de Gages et furent employés au siége de Tortone. Cette place ayant capitulé, ils prirent part à la conquête des duchés de Parme, de Plaisance et à la surprise de Pavie. L'armée des trois couronnes étant réunie sur les bords du Tanaro, ses chefs résolurent de débusquer l'ennemi de la rive opposée et confièrent au régiment le soin de commencer l'attaque. Il s'acquitta de sa mission avec sa valeur accoutumée. Il franchit le Tanaro au gué de Bassignana, culbuta les Austro-Sardes sur tous les points et enleva à la baïonnette toutes leurs positions. La perte de l'ennemi fut énorme : artillerie, munitions, drapeaux, étendards, tombèrent en notre pouvoir. L'armée victorieuse s'établit à San-Salvador et entreprit le siége de Valence, tandis que M. de Tassau, renforcé de trois bataillons du régiment, faisait celui d'Alexandrie. Cette place s'étant rendue, M. de Tassau vint devant Valence qui ne tarda pas à ouvrir ses portes. Nous marchâmes sur Cassal, dont nous nous rendîmes maîtres, et nous ralliâmes à Pavie le corps du marquis d'Houchin. Le comte de Gages détacha deux bataillons du régiment pour coopérer à l'occupation du Milanais, et confia aux quatre autres la garde de ses quartiers de Vigevano et du pont établi sur le Tessin.

1746. — De nombreuses levées réparèrent les pertes du roi de Sardaigne, et la paix que la reine de Hongrie venait de conclure avec le roi de Prusse, au prix de la Silésie, lui permit d'envoyer de puissants renforts en Italie. Pressés entre deux formidables armées, nous perdîmes nos rapides conquêtes : Astri, Milan, Guastalla, Lodi, Cassal et Valence tombèrent au pouvoir des Austro-Sardes. Le marquis de Castelar, enfermé dans Parme, allait être contraint de poser les armes, quand le comte de Gages résolut de le dégager. Il envoya à son secours la division du lieutenant-général de Corbalan, occupa lui-même les défilés du Taro et fit de si habiles dispositions que le marquis de Castelar et ses 5,000 hommes échappèrent au général Brown. Le comte de Gages stationna quelque temps à San-Domingo pour rallier ses divers détachements, et se retira sur Plaisance où se concentrait l'armée française, sous les ordres du maréchal de Maillebois. Le lieutenant-général comte Pignatelli, chargé de couvrir notre retraite, repoussa plusieurs fois l'ennemi, lui prit 10 drapeaux et fit prisonnier, dans Codono, le général comte de Gros et deux bataillons de Sprecker. Le régiment perdit, dans cette affaire, 50 grenadiers, 1 capitaine, 1 sous-aide-major et 1 sous-lieutenant.

Enfin, le 16 juillet 1746, une bataille s'engagea sous les murs de Plaisance entre sept à huit peuples de l'Europe, pour décider à qui resterait la possession de deux petits duchés de quelques centaines de mille âmes ! Ce fut un épouvantable désastre ! Nous marchâmes à l'ennemi sur deux colonnes ; le régiment qui tenait la tête de la colonne de gauche fut chargé d'attaquer à l'aube du jour les retranchements des Austro-Sardes. Ils étaient couverts par le *Pô-Morto*, qu'il fallait franchir sur un pont construit à la hâte et à peine assez large pour trois hommes de front. Le régiment le traversa sans broncher, sans vaciller, et aborda les retranchements avec la confiance que donne le sentiment d'une supériorité incontestée. Les retranchements furent pris et repris jusqu'à sept fois. Enfin nous en restâmes maîtres après huit heures de luttes acharnées ; mais nous ne fûmes point secourus. L'ennemi, après avoir repoussé notre colonne de gauche et refoulé notre colonne de droite jusque sous les murs de Plaisance, détacha contre nous 25 bataillons frais : nous dûmes céder au nombre. Notre retraite se fit en bon ordre, et nos grenadiers emportèrent, comme trophées de leurs succès, deux petites pièces de canon qu'ils déposèrent dans le parc du camp. Nous comptions 1,900 hommes tués ou hors de combat, tant officiers que soldats !

L'armée, après cette malheureuse affaire, passa le Pô, laissant dans Plaisance une garnison de 3,000 hommes, et vint camper à l'Hôpital. Nos généraux, déterminés à évacuer la Lombardie, rappelèrent la garnison de Plaisance; elle nous rejoignit le 9 août, et le jour même nous repassâmes le Pô sur trois ponts avec 4,000 mulets et 1,000 chariots de vivres. Notre arrière-garde, commandée par le comte Pignatelli, fut attaquée le lendemain 10, à l'aube du jour, sur les bords du Tridon, par les Austro-Sardes, sous les ordres du roi Charles-Emmanuel et du marquis de Botta. Le comte de Gages, accouru au secours de M. Pignatelli, donna en ce péril extrême de nouvelles preuves de sa brillante valeur et de ses hautes capacités militaires. A la fois général et soldat, il chargea à plusieurs reprises à la tête du régiment et força l'ennemi à se retirer, laissant 6,000 hommes sur le champ de bataille. Cette journée du Tridon nous fut, proportion gardée, non moins meurtrière que celle de Plaisance : elle coûtait au régiment 600 hommes et 32 officiers; à peine étions nous encore 700 hommes sous nos drapeaux.

De cette grande armée qui devait subjuguer l'Italie, il ne rentra que 16,000 hommes dans Tortone. La nouvelle de la mort de Philippe V vint ajouter les maux de l'incertitude à tant de calamités et de confusion. Le commandement de l'armée espagnole fut ôté au comte de Gages et donné au marquis de La Mina, qui était loin de posséder au même degré que l'illustre Wallon l'amour et la confiance du soldat. Constamment harcelés par les

Austro-Sardes, nous battîmes en retraite sur le comté de Nice, où nous eûmes quelques jours de repos ; puis nous franchîmes le Var et nous entrâmes en Provence. Cependant il nous restait une belle et noble tâche à remplir : c'était de couvrir Gênes, l'honneur le commandait et la politique en faisait un devoir ; mais les pensées généreuses ne s'offrent point à l'esprit des âmes découragées ; l'infant don Philippe et le duc de Modène chassés de leurs états, le vieux maréchal de Maillebois étourdi de ses disgrâces, avaient hâte d'être en France, et la seconde puissance maritime de la Méditerranée fut abandonnée à la vengeance de l'obligée de l'Angleterre. — Sa vengeance fut sans merci !

1747. — Des débris du régiment, cantonnés à Saint-Remy, on forma deux bataillons, dont M. de Ville prit le commandement. Les cadres des quatre autres rentrèrent en Espagne. Nous ne restâmes point paisibles dans notre cantonnement de Saint-Remy, l'ennemi ayant pénétré en Provence ; une forte colonne, dont nous fîmes partie, fut dirigée sur Grasse par Lorges, Draguignan et Saint-Vallier ; mais les Austro-Sardes, n'ayant pas jugé prudent de nous attendre, repassèrent le Var, et l'on nous envoya hiverner à Montpellier. Au printemps, nos deux bataillons entrèrent dans le comté de Nice et furent employés aux sièges des châteaux de Ville-Franche et de Saint-Alban. Après leur reddition, nous campâmes à la Trébia, près de Vintimille, et à la Bourdina, où nous fûmes renforcés par deux bataillons du régiment arrivés d'Espagne. Nos quatre bataillons fournirent des travailleurs au camp retranché d'Erza, et contribuèrent à faire lever le siége du château de Vintimille ; puis ils reprirent leurs quartiers d'hiver de Montpellier.

1748. — Enfin, le traité d'Aix-la-Chapelle (16 octobre 1748) rendit la paix à l'Europe. Par ce traité, le duc de Modène recouvra ses états héréditaires, et l'infant don Philippe fut mis en possession des duchés de Parme, de Plaisance et de Guastalla.

NOTICE BIOGRAPHIQUE

SUR

GÉRARD-MATHIAS, Chevalier, Baron D'HUART,

Lieutenant-Général des armées d'Espagne, etc.

GÉRARD-MATHIAS, chevalier, baron D'HUART, né au château d'Hébrouval, pays de Stavelot, le 2 février 1677, appartenait à une noble et ancienne famille luxembourgeoise qui s'est distinguée dans la triple carrière des armes, de la magistrature et des lettres [1]. Reinhar d'Huart, chevalier, sire de Grimbiémont, mourut pour la France à Crécy, le 24 août 1346, sous la bannière de Jean l'Aveugle, roi de Bohême et comte de Luxembourg. Jean-Gaspar d'Huart [2] fut un savant magistrat et un habile diplomate. Ignace d'Huart, chanoine-prémontré a rendu son nom célèbre par des ouvrages de littérature qu'il a publiés.

Le traité de Ratisbonne ayant cédé le duché de Luxembourg à la France, Gérard-Mathias d'Huart entra au service de cette puissance, le 15 novembre 1692, en qualité de

---

[1] Bertholet, *Histoire du duché de Luxembourg*, tome VIII, page 192, liste des hommes illustres.

[2] Voir l'*Appendice*.

cornette de la compagnie qu'un de ses frères commandait au régiment de Mandescheidt cavalerie. Replacé sous la domination de l'Espagne par la paix de Ryswick, il fut fait, en 1703, aide-major au 2ᵉ bataillon du régiment des Gardes Wallonnes, et telles furent les capacités militaires qu'il déploya dans les campagnes de 1704, 1705 et 1706, que Philippe V l'éleva, le 15 janvier 1707, au grade de brigadier de ses armées ; — il n'avait pas 30 ans. — Le jeune officier-général combattit à la célèbre journée d'Almanza, dans laquelle onze d'Huart, tous frères, étaient en ligne. Ajoutons que huit des onze frères restèrent sur le champ de victoire.

Après avoir contribué à la prise de Lérida, l'écueil des plus grands capitaines, et à celle de Tortose, réputée imprenable, le brigadier d'Huart, créé *baron* de son nom le 9 juillet 1709, fut nommé gouverneur de Monçon et reçut des lettres de service pour commander sur les frontières de l'Aragon. A peine était-il installé dans Monçon, que l'archiduc parut sous les murs de cette forteresse et somma le baron d'Huart de lui en ouvrir les portes, sinon qu'il le ferait pendre sur la brèche. Le baron d'Huart répondit que *pour le pendre, il fallait le prendre,* et s'apprêta à rendre la menace d'une difficile exécution. Profitant d'une absence du compétiteur de Philippe V, il fit pointer ses canons sur la tente archiducale et l'abattit des premiers coups. A son tour, il somma l'archiduc de lever le siége s'il ne voulait subir le sort de sa tente, désormais le point de mire des

50 canonniers français qu'il avait sous ses ordres. Comme la notification était accompagnée de vigoureuses sorties, qui chaque jour balayaient la tranchée et décimaient les Anglo-Autrichiens, l'archiduc décampa par une sombre nuit d'automne, mais non sans compter avec le gouverneur de Monçon qui tailla en pièces son arrière-garde.

Un renfort de quatre bataillons et de quatre escadrons permit au baron d'Huart de refouler sur le camp retranché de Balaguière, occupé par le comte de Staremberg, un corps autrichien qui avait tenté de pénétrer en Aragon entre Balbastro et Naval; d'exterminer 1000 à 1200 miquelets qui désolaient les vallées de la Cinca, et d'enlever d'assaut la ville et le château d'Estadilla. Le comte de Staremberg détacha contre *le vaillant brigadier* le général Stanhope avec ses Anglais. « Mais le baron d'Huart, dit » un journal de l'époque, *le talonna* de si près qu'il ne » put rien exécuter. Il fut obligé d'abandonner Naval, de » brûler le pont de Médianos, de lever le siége d'Esta- » dilla, de renoncer à celui d'Ainsa et de se replier à » marches forcées sur le camp de Balaguière, ramenant » des troupes démoralisées et épuisées de fatigues. » Débarrassé du général Stanhope, le baron d'Huart courut chercher à Oleron 460 hommes du régiment de Béarn et les fit entrer dans la forteresse de Jaca, que les miquelets de Chabert tenaient étroitement bloquée. Le brevet de maréchal de camp récompensa d'aussi éclatants services (16 mars 1711).

Ayant reçu de nouveaux renforts tirés des Gardes

Wallonnes, victorieuses à Villaviciosa, le baron d'Huart put débloquer Jaca, s'emparer de Canfrans, jusqu'alors le repaire des miquelets, les traquer dans les montagnes et délivrer l'Aragon et la Catalogne de ces forbans de terre.

Chargé en 1713 de couvrir le siége de Barcelonne, qui dura quatorze mois, il s'acquitta de sa mission avec le brillant courage et la haute intelligence que les relations du temps se plaisent à glorifier en lui. Employé à l'expédition de Sicile, il prit part à la victoire de Villafranca, aux siéges de Castellamar et de Messine, et fut fait, le 5 juin 1718, lieutenant-général des armées d'Espagne, commandant-général du Lampourdan, gouverneur militaire et politique de Gironne.

L'année suivante, Philippe V lui confia un commandement dans la fratricide guerre que lui fit le régent de France. Elle fut heureusement de courte durée et close par le traité de Madrid, qui rendit la paix à l'Europe.

Dès lors une nouvelle carrière s'ouvrit pour le baron d'Huart. Sous sa sage administration, la province de Gironne sembla réaliser les merveilles agricoles de la Belgique, et l'industrie catalane, prudemment encouragée, devint proverbiale. Investi de la confiance de son royal maître aux conférences de Figuières, il y déploya une courtoise dignité qui est du domaine de l'histoire. Nous lisons dans le journal de Verdun, année 1725 : « Un
» courrier dépêché de Gironne est arrivé à l'Escurial le
» 6 août dernier, porteur du traité en trente-quatre arti-

» cles, arrêté dans les conférences tenues à Figuières, en
» Catalogne, entre le baron d'Huart, lieutenant-général
» des armées d'Espagne, assisté de don Joseph Ventura,
» audiencier de Castille, et le marquis de Firmacon, lieu-
» tenant-général des armées de France, commandant-
» général du Roussillon, assisté de M. Le Gras de Luart,
» intendant de la même province. Comme les conférences
» devaient avoir lieu dans une ville placée sous les ordres
» du baron d'Huart, cet officier-général en a fait les
» honneurs avec la générosité qui caractérise toutes ses
» actions. Apprenant que les plénipotentiaires français
» venaient par Perpignan et Bellegarde, il envoya à la
» frontière un de ses aides-de-camp pour les recevoir,
» une compagnie de grenadiers à cheval pour leur servir
» d'escorte, et accompagné des principales autorités du
» Lampourdan, il se porta à leur rencontre jusqu'à la
» plaine de Lostal. Les plénipotentiaires des deux puis-
» sances contractantes ayant mis pied à terre, s'embras-
» sèrent très-cordialement, et après les compliments
» d'usage, MM. de Firmacon et de Luart montèrent dans
» le carrosse de M. d'Huart. Le cortége se rendit directe-
» ment à l'église de Figuières, où fut dite une messe du
» Saint-Esprit. Le marquis de Firmacon, en sa qualité de
» commandant-général, eut un fauteuil devant un prie-
» Dieu et s'agenouilla sur un coussin en velours cramoisi.
» Les représentants de S. M. T. C. ayant été conduits
» aux logements qui leur avaient été préparés, furent
» complimentés par le clergé et les autorités de la ville.

» Conformément au cérémonial réglé par la cour de Ma-
» drid, M. de Firmacon était gardé par une compagnie
» de grenadiers commandée par un capitaine ; M. de
» Luart par 15 grenadiers commandés par un sergent,
» et M. d'Huart par 25 soldats de la même arme sous les
» ordres d'un lieutenant ; le tambour rappelant pour cet
» officier-général comme pour M. de Firmacon.

« Les conférences durèrent trois jours, pendant les-
» quels M. d'Huart tint table ouverte, défrayant splen-
» didement les plénipotentiaires français et leur suite
» composée de 100 personnes et de 60 chevaux. Il se
» sépara de MM. de Firmacon et de Luart à la limite de
» son commandement, emportant leur estime et leur
» affection. »

Son hospitalité prit, quelques mois plus tard, un caractère de générosité chevaleresque dans la noble récep-
tion qu'il fit à l'ambassadeur extraordinaire du prince qui
avait voulu le faire pendre sur la brèche de Monçon.
Nous lisons, toujours dans le journal de Verdun, année
1726 :

« Le baron d'Huart ayant été informé, le 18 décembre
» dernier, que S. E. le comte de Koningseck, ambassa-
» deur de S. M. I. près de S. M. C., accompagné de
» Mme la comtesse de Koningseck, franchirait le lendemain
» le col de Perthuys, coucherait à Figuières et arriverait
» le lendemain à Gironne, donna ordre au commandant
» de Figuières et aux autorités du Lampourdan de rendre
» au noble comte les honneurs dus à son rang. Il com-

» manda 100 cavaliers d'escorte et échelonna sur la route
» les carabiniers du régiment de la Reine et les grena-
» diers de celui de Murcie. Lui-même, à la tête d'un
» brillant état-major et de la noblesse du pays, se porta
» à la rencontre de M. et de Mme de Koningseck jusqu'au
» sommet de la Côte-Rouge, tandis que Mme la baronne
» d'Huart s'avançait dans la plaine, ayant dans sa voi-
» ture les principales dames de la province. Après avoir
» échangé d'affectueux compliments, Mme l'ambassadrice
» monta dans la voiture de Mme la gouvernante, et le
» cortége s'achemina vers Gironne, où il fut reçu au son
» des cloches et salué par l'artillerie des remparts. Leurs
» excellences descendirent à l'hôtel du gouvernement,
» dont le baron d'Huart fit les honneurs avec autant de
» courtoisie que de générosité. M. et Mme de Koningseck
» furent si enchantés de leurs nobles hôtes qu'ils leur
» accordèrent facilement la journée du lendemain. Ils
» quittèrent Gironne le 22 décembre, ne s'attendant point
» à trouver au repos de Majorquin, village à quelques
» lieues d'Ostalrick, un dîné préparé et servi avec le luxe
» et la délicatesse d'une ville capitale. C'était une dernière
» attention du baron d'Huart. »

Cet officier-général, si brillant dans les combats, si
sage dans les conseils, si courtois dans les salons de son
hôtel, était dans sa vie privée un modèle de vertus chrétiennes. Il avait épousé à Luxembourg Marie-Barbe de
Martini, dont il eut deux fils qui embrassèrent la carrière
des armes. La lettre qu'il écrivit à l'aîné en lui annon-

çant sa nomination d'officier aux Gardes Wallonnes, révèle une âme dont la piété et l'honneur occupaient les *advenues*. Voici cette belle lettre :

« Gironne, 7 juillet 1725.

« Je compte, mon trez fils, que suivant les ordres que
» j'ai donnés à Aspirez, vous estes entré le 1ᵉʳ de ce
» mois à l'Académie, où vous ferez vos exercices jusqu'au
» 1ᵉʳ janvier prochain. Vous vous rendrez ensuite en pro-
» vince, afin que ayez l'honneur de présenter vos res-
» pects à vostre chère ayeulle, à vos oncles, tantes, pa-
» rents et amys. Ce devoir accompli, vous prendrez le
» chemin de la Catalogne, pour qu'après une si longue
» absence vostre chère mère et moy ayons le plaisir de
» vous embrasser. Je vous apprends que M. le marquis
» de Risbourg vous destine un drapeau aux Gardes Wal-
» lonnes. Il vous ouvre, à 14 ans, un beau champ, puis-
» que c'est vostre esprit de suivre la carrière des armes.
» Je me flatte, mon trez chèr fils, que vous saurez jus-
» tifier les soins que nous avons pris de vous procurer
» une éducation digne de vostre naissance, et que vous
» nous en donnerez des preuves en employant utilement
» les six mois que vous avez à passer à l'Académie.
» Comme vous pouvez dire que le jour où vous y estes
» entré est celuy de vostre début dans le monde, ce
» monde, sans doubte, vous aura estourdy tout d'abord;
» mais si vous voulez, mon chèr fils, vous en rapporter
» à un père qui vous ayme tendrement, gravez dans vostre

» cœur les parolles suivantes, et vous ne vous escarterez
» jamais de vos devoirs envers Dieu et envers les hommes.

« Ne laissez point surprendre vostre esprit par le poi-
» son de la flatterie, qui se glisse insensiblement dans le
» cœur de l'homme et en occupe toutes les advenues,
» surtout dans un cœur tendre et nouveau comme le
» vostre.

« Confiez-vous en Dieu et le priez souvent, surtout
» matin et soir; que rien ne vous en détourne et que vos
» prières soyent courtes et sincères. Evitez les occasions
» d'offenser le Seigneur. Ne cherchez point à paroistre
» sçavant; soyez humble en toutes vos actions et ne vous
» applaudissez jamais vous-mesme. Ne parlez pas beau-
» coup, dans la crainte de vous attirer le mespris, mais
» que vostre conversation soit modeste; surtout n'inter-
» rompez jamais personne en son discours, c'est une im-
» politesse qui a esté blasmée de tout temps. Ne soyez
» point opiniastre dans vos sentiments; cédez à vos su-
» périeurs et aux dames sans contradiction. Soutenez
» vostre sentiment avec douceur, honnesteté et politesse
» quand vous conversez avec vos égaux ou vos inférieurs.

« Aymez et respectez vostre amy lorsque vous serez
» assuré d'en avoir rencontré un fidèle; gardez religieu-
» sement son secret, et surtout celuy dont despend le
» service du maistre. Ne vous livrez pas facilement à des
» personnes que vous ne connoissez pas, et soyez ré-
» servé à leur faire des confidences. Respectez vos su-
» périeurs et ménagez vos esgaux. Soyez gracieux et

» obligeant envers vos inférieurs, et fuyez l'ingratitude
» comme un vice indigne d'un honneste homme. Meslez-
» vous de vos affaires sans trouver à redire à celles des
» autres. Ne différez jamais ce que vous devez exécuter.
» Soyez miséricordieux envers les pauvres. Ne murmurez
» point contre les dispositions du prince duquel vous estes
» sujet, ni contre les ordres des supérieurs desquels vous
» despendez. Soyez content de vostre sort dans le mo-
» ment présent, et ne cherchez à vous avancer en biens
» et en honneurs que par des voyes légitimes. Fuyez le
» mensonge qui vous déshonore en ce monde; fuyez le
» scandale, l'hypocrisie, et surtout l'ivrognerie qui abru-
» tit l'homme, le fait mépriser et le pousse à commettre
» toutes sortes de crimes.

« Soyez honneste, poli et gracieux avec un chacun;
» rendez le salut avec attention, soyez même le premier
» à saluer. Evitez la raillerie piquante qui expose à des
» affaires dangereuses; ne cherchez querelle à personne;
» *mais si quelqu'indiscret vous insulte et que le cas en vaille*
» *la peine, souvenez-vous de ne point vous déshonorer.*
» Tâchez de remplir vostre devoir en quelqu'estat que
» vous vous trouviez. Ne soyez point paresseux et cherchez
» à vous instruire de tout ce qu'il faut qu'un honneste
» homme sache. Ne soyez point rapporteur que lors-
» que le service de Dieu ou celuy du roy y seront inté-
» ressés. Fuyez les jeux de hasard, ne jouez jamais sur
» parolle; fuyez les femmes mondaines qui vous plon-
» gent dans des désordres affreux du corps et de l'âme.

» Ayez de la douceur et de la modération envers vos
» domestiques; ne leur faites jamais de confidence; ne
» les frappez point; congédiez-les plus-tôt que de les re-
» prendre avec aigreur, et n'écoutez leurs rapports qu'au-
» tant qu'ils seroient utiles à maintenir la paix dans vostre
» maison.

« Fuyez le jurement comme un vice de perdition. N'en-
» trez jamais dans une maison infâme. Ne vous piquez
» pas par des discours indiscrets à vouloir paroistre ne
» pas avoir de religion, c'est le caractère d'un sectaire
» qui vous faict mépriser en ce monde et vous damne
» dans l'autre. Conversez toujours avec des personnes
» au-dessus de vous, ou au moins avec vos esgaux, sans
» dédaigner pour cela vos inférieurs.

« Observez religieusement les préceptes de l'Esglise;
» aussy lorsque vous assistez au saint sacrifice de la
» messe ou à la célébration des autres mystères de nostre
» foy, soyez attentif sans regarder autour de vous. Ne
» parlez jamais dans le lieu saint sans nécessité absolue;
» songez qu'il vaut mieux ne rester qu'un quart d'heure
» dévotement dans le temple du Seigneur, qu'une heure
» scandalisant un chacun. Que la crainte de Dieu soit
» toujours vostre guide; souvenez-vous que vous mourrez
» un jour, que ce jour est incertain, et qu'en ce moment
» terrible vous souhaiterez avoir accompli cette maxime
» du sage: *Initium sapientiæ timor Domini;* et cette autre
» qui renferme toute la loi: *Ne faictes pas à aultruy ce*
» *que vous ne voulez pas qu'on vous fasse.*

« Voilà, mon chèr fils, ce que j'avois à vous dire,
» puisque vous estes sorti de l'enfance et entré dans une
» vie nouvelle. J'espère que vous serez toujours tel que
» vostre chère mère et moy le souhaitons ; nous en de-
» mandons instamment la grâce au Seigneur, en le priant
» de vous accorder de longues et heureuses années, car
» nous vous aimons bien tendrement. »

Le lieutenant-général baron d'Huart, que la mort avoit épargné sur tant de champs de bataille, succomba à Madrid, à quarante-huit heures de maladie, le 24 mars 1730. Il vit approcher ses derniers moments avec le calme du preux sans peur et sans reproche, plein de foi et d'espérance dans la bonté de son Dieu. Son corps, réclamé par ses administrés, fut inhumé dans l'église cathédrale de Gironne, sous un magnifique monument en marbre blanc élevé aux frais de la province.

APPENDICE.

NOTICE BIOGRAPHIQUE

SUR LE PRÉSIDENT

JEAN-GASPAR D'HUART.

Jean-Gaspar d'Huart, issu au 6ᵉ degré de Reinhar d'Huart, chevalier, sire de Grimbiémont, mort pour la France à Crécy, naquit à Luxembourg le 31 mars 1579, de Rémade d'Huart, seigneur de Grimbiéville et de Grimbiémont, vice-président du conseil de S. M. C., et de Barbe Brenner de Nalbach, dame de Berg.

Après de fortes études aux universités de Pont-à-Mousson, de Louvain et de Dôle, Jean-Gaspar d'Huart fut reçu, à 21 ans, docteur en droit, et nommé successivement conseiller, conseiller-maître-aux-enquêtes au grand conseil de Malines et président du conseil de S. M. C. à Luxembourg. Le roi d'Espagne, Philippe III, lui confia de hautes missions diplomatiques, et l'empereur Mathias le créa chevalier héréditaire du Saint-Empire. Il avait épousé, au château de La Roche (en Ardennes), le 10 février 1608, Hélène de Cymont, dont il laissa :

I. JEAN-CHARLES D'HUART, chevalier, seigneur d'Autel, député aux diètes de l'Empire, né à Luxembourg le 4 novembre 1620, marié le 12 février 1662 à Jeanne-Marguerite d'Huart de Grimbiéville, dame d'Hébrouval, dont il eut vingt-trois enfants. Onze de ses fils, officiers au service d'Espagne, combattirent à la célèbre journée d'Almanza, et huit des onze frères restèrent sur le champ de victoire. Ceux qui survécurent furent :

1. JEAN-PIERRE, chevalier, baron D'HUART, lieutenant-colonel au service d'Espagne, marié 1° à Angélique de Saint-Marc; 2° à Laure de Foës, dame de Vrémy. Sa postérité s'est éteinte à Jean-Christophe-Sidoine, chevalier, baron d'Huart, comte de Teutwert, maréchal des camps et armées de France, mort à Saint-Dié (Vosges), le 22 octobre 1797.

2. GÉRARD-MATHIAS, chevalier, baron D'HUART, lieutenant général des armées d'Espagne, etc. (*Voir* sa Biographie, page 27.)

3. CHARLES-DIEUDONNÉ, chevalier, baron D'HUART, dit de Grimbiémont, colonel d'infanterie, capitaine d'une compagnie des Gardes Wallonnes, mort célibataire à Barcelonne en 1729.

Les seules filles de Jean-Charles d'Huart qui prirent alliance, furent : 1° MARIE-MARGUERITE D'HUART, mariée en 1698 à Jean-Baptiste, comte de Mailly, seigneur de Mémillon, etc.; 2° ODILE-JOSÈPHE D'HUART, mariée à Jean-François Desmarets, seigneur de Longate, de Sancourt, etc.

II. Jean-Mathieu d'Huart, chevalier, seigneur de Mameren et de Kœrich, marié 1° à Jeanne de Musiel; 2° à Françoise de Marteau. — Du premier lit vint Odile-Thérèse d'Huart, mariée 1° à Bertrand de Boudonville, seigneur de Délut; 2° à Christophe-Albert de Reiffenberg.

III. Odile-Dorothée d'Huart, mariée 1° au colonel Gérard, baron de Beck; 2° au colonel Jean, baron de Reichling; 3° au baron Christophe-Albert d'Argenteau, seigneur de La Grange, près de Thionville. Morte à Luxembourg, sans postérité, le 3 juillet 1678.

IV. Marie d'Huart, mariée à Raphaël de Lohinel, lieutenant-colonel au service du prince de Bade, dont elle eut Odile de Lohinel, mariée 1° à Erneste, baron de Suys; 2° à Michel, comte de Jaubert, brigadier des armées de France. On lit dans son testament, fait au château de Montquintin, près de Virton, le 26 mars 1710 : « ...... Je donne à mon fils Jean-François, comte » de Jaubert, mon grand bassin de vermeil avec son » esgien, aussy de vermeil, provenant d'un don que » l'empereur Charles-Quint a faict à mon tris-ayeul » d'Huart [1] qui avoit été envoyé pour le recevoir et le » complimenter lorsqu'il vint à Luxembourg (1545). »

Le don impérial a été fondu en 1803, et converti en couverts de table!

Le président Jean-Gaspar d'Huart mourut le 17 novembre 1653, et fut inhumé dans le chœur de l'église

---

[1] Colinet d'Huart, seigneur de Grimbiéville et de Grimbiémont, marié à Catherine de Versale-Denal.

des Pères Récollets de Luxembourg sous une tombe [1] à ses armes [2] portant cette inscription :

MONUMENTUM
NOBILIS & AMPLISSIMI DOMINI
D. JOANIS-GASPARI D'HUART ÆQUITIS,
CONSILII LUXEMB. PRÆSIDIS
& ARCHIVI PRÆFECTI
EJUSQUE, CONJUGIS DOMINÆ
HELENÆ DE CYMONT
ILLE OBIIT 17 9bris 1633, HÆC 23 FEB. 1663.

R. I. P.

---

[1] Cette tombe, en marbre noir, a été rachetée en 1802 de l'acquéreur du couvent des Récollets, et placée dans le cimetière de l'église paroissiale d'Oberkorn, mairie de Differdange, grand-duché de Luxembourg.

[2] D'Huart porte d'argent à un houx de sinople fruité de gueules, issant d'un brasier à cinq flammes. L'écu couvert d'un casque de face, orné d'une couronne royale et de lambrequins argent et gueules. Pour cimier, le houx ardent des armes entre deux trompes coupées d'argent et de gueules à trois flammes essortantes. Devise : MON COEUR COMME MON HOUX ARDE.

La couronne royale est une concession faite par l'empereur Mathias, le 13 septembre 1613.

NOTICE BIOGRAPHIQUE

Sur le Baron HENRY D'HUART,

Major-Général des Armées d'Espagne en Italie.

Jean-François-Henry-Gérard, chevalier, baron d'Huart, naquit à Luxembourg le 12 novembre 1712, de Gérard-Mathias, chevalier, baron d'Huart, lieutenant-général des armées d'Espagne, et de Marie-Barbe de Martini, dame de Rœser. Destiné à la carrière des armes, il obtint, à l'âge de 14 ans, un drapeau aux Gardes Wallonnes, et franchit rapidement les grades de sous-lieutenant, de lieutenant et d'aide-major. Fait 1er adjudant-major sur le champ de victoire de Bitonto (1734), il reçut, à sa rentrée en Espagne, le brevet de colonel et le commandement d'une compagnie des Gardes Wallonnes.

La guerre ayant de nouveau éclatée en 1741, le baron Henry d'Huart, nommé major des grenadiers-réunis, combattit à la tête de ce corps d'élite à Campo-Santo et à la surprise de Velletri. Dans cette sanglante échauffourée, le roi de Naples don Carlos, depuis Charles III d'Espagne, dut la vie au baron Henry d'Huart, dont le frère, officier de grande espérance, fut tué à ses côtés. Promu aux fonctions d'adjudant-major-général, puis à celles de major-général, il eut mission d'organiser les succès et de parer aux revers qu'il a décrits lorsque l'heure du repos eut sonné pour lui. Des intérêts de famille l'ayant rappelé dans le pays de Luxembourg, il renonça à 39 ans à la brillante carrière qu'il avait déjà parcourue, et épousa, le 17 février 1751, au château d'Everlange, près d'Arlon, Anne-Marie-Camille, marquise de Villers. Les deux époux fixèrent leur résidence au château de La Sauvage (duché de Luxembourg), où, fidèles aux traditions de famille, ils donnèrent l'exemple de toutes les vertus chrétiennes. La baronne d'Huart mourut en 1771, et le baron d'Huart en 1781 ; ils reposent tous deux dans le chœur de l'église paroissiale d'Oberkorn, sous une tombe armoiriée que les fureurs de 1793 ont respectée. Ils laissèrent de leur mariage :

1. JACQUES-PHILIPPE-JOSEPH, chevalier, baron D'HUART, capitaine-commandant un escadron du régiment des dragons de La Tour, marié à Henriette, marquise de Dampont, auteur de la branche des barons d'Huart de Bertrange.

2. CHARLES-ÉLISABETH-JOSEPH, chevalier, baron D'HUART, lieutenant-colonel aux Gardes Wallonnes, marié le 1er septembre 1789 à Olympe-Louise-Séraphine, comtesse de Saint-Mauris-Châtenois, auteur de la branche devenue française des barons d'Huart de La Sauvage.

Jeune, beau, brave, spirituel, instruit, lieutenant-colonel à 19 ans, le baron Charles d'Huart semblait appelé à une rapide fortune militaire, quand un duel brisa son avenir. Nous trouvons quelques détails sur cette malheureuse affaire dans une requête au roi d'Espagne dont voici la traduction :

« Sire,

» Le baron Charles d'Huart, enseigne de grenadiers
» au régiment des Gardes Wallonnes, expose très-
» respectueusement qu'il appartient à une noble et
» ancienne famille honorée de hauts emplois sous les
» empereurs et rois prédécesseurs de Votre Majesté.
» Son aïeul est mort lieutenant-général des armées
» de S. M. Philippe V, de glorieuse mémoire, et son
» père a fait les campagnes d'Italie de 1734 à 1748 en
» qualité de lieutenant, d'adjudant-major, de capitaine
» aux Gardes Wallonnes, de major des grenadiers-
» réunis, d'adjudant-major-général et de major-général.
» A la surprise de Velletri, il eut le bonheur, à la tête
» des grenadiers-réunis, de contribuer à sauver les
» précieux jours de Votre Majesté. Son frère, lieute-
» nant dans le corps d'élite, fut tué à ses côtés.

« Des intérêts de famille l'ayant contraint de renon-
» cer à la carrière des armes, il se retira dans ses
» terres du duché de Luxembourg; mais constant dans
» son dévouement à l'auguste maison de Bourbon, il
» offrit, en 1770, les services de son fils, alors âgé de
» 14 ans, et Votre Majesté daigna le nommer enseigne
» dans ses Gardes Wallonnes. Il était déjà lieutenant
» avec brevet de lieutenant-colonel, lorsqu'il y a cinq
» ans, entraîné par l'impétuosité de la jeunesse et par

» les sentiments propres à tout gentilhomme, il eut,
» pour venger l'honneur d'une noble dame, un duel
» dont l'issue fut fatale à son adversaire. L'honneur
» était satisfait, mais la rigueur des lois força l'expo-
» sant [1] à chercher un asile sous le toit paternel.

» L'inépuisable bonté de Votre Majesté sachant faire
» la part du jeune gentilhomme dans la fougue de
» l'âge, et se souvenir des bons et loyaux services de
» ses pères, voulut bien lui pardonner et lui rendre
» le drapeau qu'il avait porté en 1770. Revenu à son
» point de départ, il a accepté sans murmure les
» conséquences d'une position qui le plaçait sous les
» ordres de frères d'armes jadis ses subordonnés.
» Cédant à leurs instances, il ose supplier Votre
» Majesté de mettre fin à cet état de chose en lui
» accordant la lieutenance en 2ᵉ vacante en ce mo-
» ment dans un des bataillons du régiment employés
» au siége de Gibraltar. Là, sous le feu de l'ennemi,
» il saura montrer qu'il est du sang de son oncle,
» mort à Velletri, et de celui des huit frères tombés
» dans les champs immortels d'Almanza.

« C'est la grâce qu'il espère du cœur généreux et
» magnanime de Votre Majesté.

» Madrid, 10 janvier 1780. »

Charles III fut inflexible.

---

[1] Le baron Charles d'Huart fut arrêté, conduit à la tour de Ségovie, et il allait être déporté aux îles de Canaries quand la puissance de la *noble dame* lui fit ouvrir les portes de la prison d'Etat.

3. Henry-Joseph-Éloy, chevalier, baron d'Huart, lieutenant-colonel de cavalerie, marié à Philippine de Patoul, auteur de la branche des barons d'Huart de Jamoigne, qui a donné, de nos jours, un ministre au royaume de Belgique.

4. Marie-Josèphe, baronne d'Huart, mariée à Auguste, marquis du Blaisel, maréchal des camps et armées de France, lieutenant des gardes du corps du roi, etc.

5. Louise-Marie-Josèphe, baronne d'Huart, mariée à Louis, comte de Jaubert, capitaine au corps royal d'artillerie, chevalier de Saint-Louis, etc.

FIN.

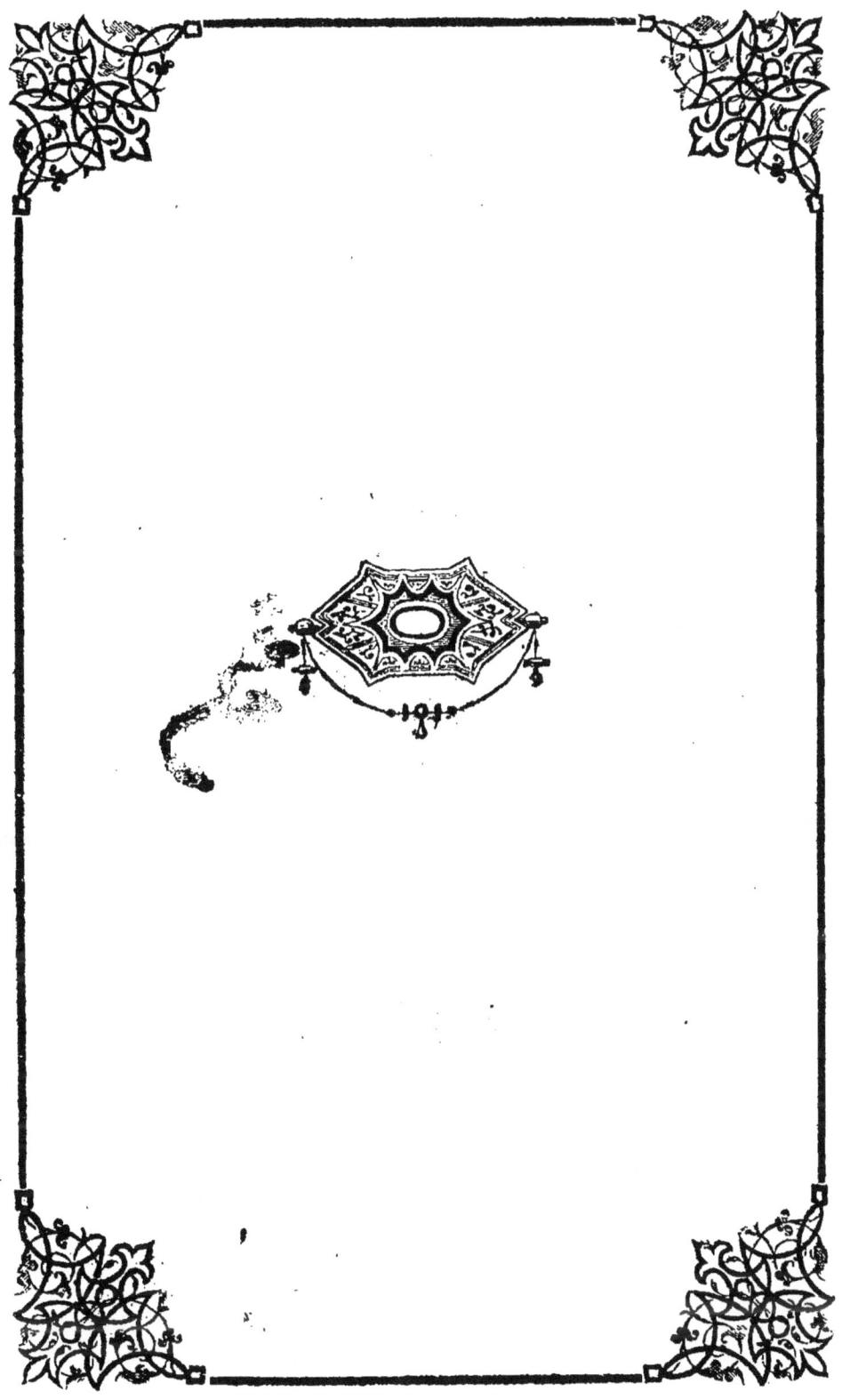

www.ingramcontent.com/pod-product-compliance
Lightning Source LLC
Chambersburg PA
CBHW070717050426
42451CB00008B/687